DE LA GESTION

DES INTÉRÊTS NATIONAUX

EN AFRIQUE

OU

RÉSUMÉ CRITIQUE

DE L'ÉTAT POLITIQUE ET ÉCONOMIQUE

DE L'ALGÉRIE,

PAR A. DUVÉRINE.

AVEC UNE CARTE DES POSSESSIONS FRANÇAISES DANS LE NORD DE L'AFRIQUE.

PARIS,

LEDOYEN, LIBRAIRE,

PALAIS-ROYAL, GALERIE D'ORLÉANS, Nº 31,

ET CHEZ LES PRINCIPAUX LIBRAIRES.

1840

DE LA GESTION
DES INTÉRÊTS NATIONAUX
EN AFRIQUE.

IMPRIMERIE D'A. RENÉ ET Cie,
RUE DE SEINE, 32.

DE LA GESTION

DES INTÉRÊTS NATIONAUX

EN AFRIQUE

OU

RÉSUMÉ CRITIQUE

DE L'ÉTAT POLITIQUE ET ÉCONOMIQUE

DE L'ALGÉRIE,

PAR A. DUVÉRINE.

AVEC UNE CARTE DES POSSESSIONS FRANÇAISES DANS LE NORD DE L'AFRIQUE.

PARIS,

LEDOYEN, LIBRAIRE,

PALAIS-ROYAL, GALERIE D'ORLÉANS, N° 31,

ET CHEZ LES PRINCIPAUX LIBRAIRES.

1840

SOMMAIRE.

Pages.

IIe PARTIE.

COLONISATION.

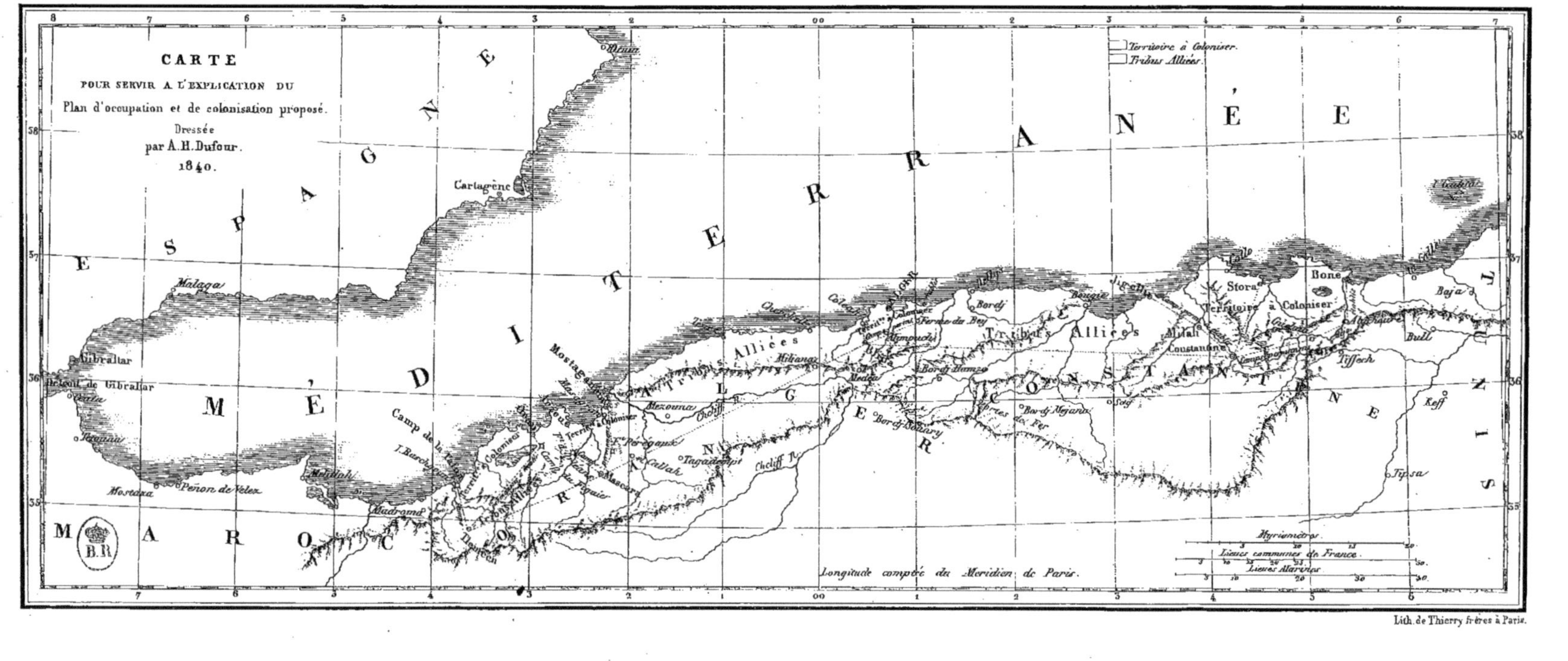

Lith. de Thierry frères à Paris.

AVERTISSEMENT.

Les conséquences déplorables qui viennent de révéler à la France tout ce qu'a d'impuissant et de stérile le système militaire suivi depuis dix ans, nous ont suggéré la pensée de publier quelques observations sur une marche toute différente, recueillies pendant un voyage fait depuis peu dans l'Algérie.

Nous croyons être d'accord, dans les vues principales que nous avons exposées, avec les intérêts de la métropole et de la colonie, avec les vœux et l'expérience des colons les plus éclairés.

Un autre motif n'a pas peu contribué à nous faire rompre le silence qu'une juste défiance de nos forces nous engageait à garder. Divers passages d'un rapport grave qui a fixé, il y a quelques jours à peine, l'attention du monde savant, semblent annoncer un parti pris de persévérer, particulièrement pour Constantine, Blidah et Koléah, dans les voies déjà suivies [1]. On y exprime des espérances qui, réalisées, n'offriraient à la nation aucune compensation de ses sacrifices.

[1] Fragments du rapport présenté à l'Académie, par M. Blanqui, membre de l'Institut :

« Nous aurons donc mieux réussi jusqu'à ce jour sur les points « où il n'y a pas eu de colons que sur ceux où ils sont établis..... « Nous pourrons continuer la grande et belle expérience commen- « cée par M. le maréchal Valée.

« La conquête n'a trouvé à Constantine qu'un amas d'habitations « immondes..... Une vraie capitale de barbares où nous n'avons « pas même aujourd'hui de quoi loger tous nos malades.... Con- « stantine est, aujourd'hui, désolée, ébranlée jusqu'en ses fonde- « ments....., et nos espérances de commerce, de caravanes, s'é- « vanouissent comme tant d'autres se sont évanouies..... Combien « faudrait-il de victoires semblables pour nous ruiner?... — C'est « le succès de Constantine qui a déterminé la reprise de l'expé- « rience à Blidah et à Koléah. »

Au moment où la représentation nationale va être appelée à délibérer de nouveau sur ce sujet, nous avons voulu jeter dans la balance diverses considérations qui nous ont paru ressortir de la nature des choses et dont l'application donnerait à l'Algérie une impulsion digne des grands intérêts qui s'y trouvent engagés.

Si en nous faisant l'interprète de la pensée d'hommes hautement unis à la réussite de l'entreprise commencée, nous sommes resté au-dessous de cette tâche, assez d'écrivains plus habiles et plus heureux prêteront au pays un secours plus efficace. Nous applaudirons à leurs efforts et nous aurons la consolation d'avoir contribué, autant qu'il était en nous, à signaler les obstacles qui ont réduit à une question stratégique le bel avenir offert en Afrique à l'activité du génie national et au développement des intérêts matériels.

DE LA GESTION
DES INTÉRÊTS NATIONAUX
EN AFRIQUE

OU

RÉSUMÉ CRITIQUE

DE L'ÉTAT POLITIQUE ET ÉCONOMIQUE
DE L'ALGÉRIE.

INTRODUCTION.

Les observations de ceux qui ont parcouru les possessions françaises en Afrique et les notes qu'ils ont pu rassembler sont essentiellement du domaine de la publicité. La vérité de cette assertion sera facilement admise si, appréciant l'état de la colonie, on vient à reconnaître qu'à peu d'exceptions près, tout est encore à créer en matière d'utilité, et qu'il reste aussi beaucoup à faire pour la sécurité.

Le tableau que nous offrons ici à la nation a donc pour but d'appeler l'examen attentif des publicistes sur la gestion d'un beau pays que la fortune des armes a mis à la disposition de la France. Dans des temps de civilisation moins avancée, l'importance des colonies a été tellement comprise que, sans être arrêtés par les obstacles, dans l'enfance de la science de la navigation, différents peuples ont audacieusement franchi l'espace, et presque toujours leurs efforts ont obtenu de riches compensations. Placés dans des conditions bien plus avantageuses, n'obtiendra-t-on pas un résultat semblable? Quand l'Algérie, si rapprochée des ports du midi de la France, se trouve pour ainsi dire en vue de l'Italie et de l'Espagne, des rivages de Malte et de Gibraltar; quand l'emploi des bateaux à vapeur assure la promptitude et la régularité des communications, hésiterons-nous à tenter au XIXe siècle, aidés par l'expérience de nos devanciers, ce que ceux-ci ont exécuté avec bonheur dans une route toute nouvelle.

Nous sommes les premiers à reconnaître qu'il existe, dans les rapports de temps et de lieu, de nombreuses différences et des difficultés qui ne peuvent être résolues par l'exemple de la politique d'autres nations dans d'autres temps, et que ces différences et ces difficultés se présentaient en foule chez des peuples demi-sauvages comme les Arabes de l'Algérie, dont les habitudes et les mœurs étaient tout autres. Nous tirons de ce principe la conséquence que, dans nos relations nouvelles avec l'Afrique, l'étude des circonstances locales doit s'unir à la recherche des moyens d'occupation qui peuvent concilier les sentiments d'humanité avec les intérêts bien entendus du peuple conquérant.

Quelles que soient les bonnes intentions et les qualités personnelles qui distinguent les chefs d'une colonie, la puissance d'action n'est pas toujours accompagnée de l'intelligence de toutes les questions qu'il faut résoudre afin de pouvoir bien agir. Il est plus que jamais nécessaire, si l'on veut que la nation recueille le prix de tant de sang généreux versé déjà pour lui conserver les plaines fertiles qui s'étendent entre Bone et Oran, d'en appeler aux connaissances acquises pendant un séjour de plusieurs années par les hommes qui, se confiant dans le développement progressif des intérêts nationaux, ont lié leur vie et leur fortune au sort qui est réservé à la colonie.

Nous visitâmes pour la première fois l'Algérie au

printemps de 1839, prêt à applaudir aux idées fécondes déjà émises, aux vues d'avenir qui se révèlent, et à frapper de blâme l'inertie, l'esprit de système, quand je le crois en dehors de la nature des choses, et la direction donnée quelquefois aux moyens immenses que la puissance française a mis en jeu depuis dix années en Afrique.

Dès les premiers pas sur ce terrain digne, sous tant de rapports, d'être exploré, diverses questions se présentaient à la fois. Il a été nécessaire de mettre un moment de côté le lien qui les unissait et forme l'échafaudage gigantesque et compliqué des administrations civiles et militaires, pour analyser en détail les fonctions de ces nombreux ressorts qui obéissent à une impulsion unique, à l'avantage ou au détriment de la chose publique, selon que le pouvoir suprême, confié à la nécessaire imperfection d'une seule capacité, a été plus ou moins heureusement inspiré.

Pour juger le présent et approuver ou combattre les prévisions de ceux qui s'instruisent à l'école de l'expérience, il a fallu jeter un regard attentif sur le passé; suivre le dédale des opérations militaires, des expéditions lointaines à Tlemcen, à Blidah, à Constantine; errer avec elles dans les défilés de l'Atlas et sur les bords de la Tafna ; revoir tous ces plans d'abord loués à l'excès, puis abandonnés pour faire place à d'autres dirigés vers un but contraire ; se reporter, enfin, aux temps de la conquête, déjà loin de nous, car le siècle va vite : en effet, combien cette terre d'Afrique n'a-t-elle pas déjà dévoré de nobles existences, d'âmes énergiques et privilégiées, dont la patrie réclamait le concours !

Combien de trésors dissipés dont une partie ira féconder un sol étranger, soutenir l'industrie chez des nations rivales !.... A Dieu ne plaise, cependant, que nous entendions blâmer ici l'accueil fait aux travailleurs de l'Italie et de l'Espagne. Encourager un principe de moralité aussi éminemment social que le travail, offrir un asile honorable à toutes les misères, c'est un rôle trop national, en France, et trop glorieux pour que la critique puisse l'atteindre. On comprendra seulement, et j'espère le démontrer par les faits, que des résultats plus grands, plus solides, auraient dû être obtenus dans le même espace de temps, et que si des plans bien définis avaient créé et justifié la confiance, les capitalistes français auraient enlevé aux spéculateurs étrangers et offert à leur pays l'augmentation de crédit et de bien-être matériel qui vient à la suite de l'active circulation des valeurs, provoquée par des plans financiers établis sur une large base.

Au moment qui suivit la prise d'Alger et l'expulsion du Lieutenant de la Porte, la question de l'occupation du pays se présentait sous trois points de vue principaux qui pouvaient se résumer dans les termes suivants.

Satisfaits du triomphe obtenu par l'effort de nos soldats et de la paix rendue à la Méditerranée, bornera-t-on son ambition à assurer cette sécurité par l'occupation purement militaire des ports et des hâvres qui pourraient de nouveau servir d'asile aux pirates? Cet état de choses pouvait également être maintenu et devenir moins onéreux pour la France, en faisant coopérer à la garde des côtes et des villes maritimes toutes les puissances intéressées. Ce plan n'ayant pas été suivi, il est inutile de rechercher les conséquences probables auxquelles auraient donné lieu soit la conservation du littoral entre les mains de la France seule, soit le partage, entre plusieurs puissances, des points à occuper, avec la faculté de s'en tenir à la garde du port qui leur aurait été confié, ou d'opérer dans l'intérieur de l'Afrique, sans dépasser des limites convenues.

En second lieu, après avoir décidé que la France supporterait seule les conséquences d'une expédition entreprise dans des vues d'intérêt général; après avoir délivré l'Europe d'un tribut honteux, venions-nous, missionnaires de la civilisation, comme nous l'avions été en Grèce peu d'années auparavant, inspirés par l'esprit désintéressé du libéralisme, tendre une main secourable aux populations courbées sous le double esclavage du despotisme étranger et de la misère, pour les élever à l'état social auquel une partie de l'Europe est déjà parvenue? Dans ce cas, si l'on accepte une mission d'humanité, on doit s'en acquitter jusqu'au bout ; il ne faut pas, après avoir noblement et utilement travaillé, confier à des mains moins généreuses, bientôt infidèles peut-être, des résultats préparés par de coûteux sacrifices !

Après la défaite des Turcs, les indigènes se trouvaient sous la direction de leurs chefs naturels. L'installation, protégée par la France, de princes dépositaires de l'autorité, devait avoir pour effet la formation de petits royaumes dont les gouvernements prendraient certainement pour modèle celui de Maroc, ou plutôt les autocraties de tous les temps dans l'Orient. On aurait ainsi apporté aux Africains, en échange de leur indépendance, le despotisme d'un seul appuyé sur une caste militaire ; la guerre au lieu de la paix qui est maintenant leur état habituel ; car on ne voudra sans doute pas comparer les rixes passagères qui s'élèvent entre les Arabes pour la possession d'une source ou d'un pâturage, avec l'état guerrier d'un chef qui cherche à dompter les peuplades qui l'entourent et à les assujétir à un tribut régulier. Cette seule considération devait suffire pour arrêter la tendance à créer des centres de souveraineté. Du reste, ces rivaux éternels seraient en même temps unis pour combattre les Européens, oubliant qu'ils leur devaient leur élévation. Un sentiment d'intérêt en faveur de tout un peuple ne doit pas tourner au profit de quelques hommes, et, pour rappeler l'effet de cette manière d'agir à l'égard des Grecs, leur délivrance des Turcs n'a pas eu pour résultat une amélioration sociale telle que les bienfaiteurs étaient en droit de l'espérer ; bien loin de là, sur les ruines de la puissance ottomane s'est élevée une sorte de tyrannie raffinée et corruptrice dont le but est l'absolutisme d'un seul au prix de la ruine et de la souffrance de la nation.

On comprit d'abord la difficulté de soumettre les Arabes à l'autorité immédiate des chefs français. La considération des obstacles qui allaient se présenter fit penser un instant à confier au bey de Tunis le gouvernement d'Oran et de Constantine. Dépositaire trop faible pour concevoir l'espoir de se rendre indépendant, et offrant dans sa capitale un point facilement vulnérable, ce pacha, aidé par les troupes françaises, se serait fait obéir par les tribus déjà façonnées au joug des Turcs. Ce projet ne fut pas adopté à Paris ; outre l'anomalie de présenter un sujet de la Porte comme gouverneur, au nom de la France, de villes enlevées à la Turquie, il n'offrait aucune apparence de se rattacher jamais à un plan de colonisation européenne.

Restait un dernier parti qui exigeait tout à la fois dans l'exécution une direction plus habile, une constance inébranlable, et l'emploi de moyens tels qu'une grande nation peut seule les mettre en œuvre. Il s'est agi de considérer les villes maritimes comme une base d'opérations qui allaient s'étendre à une grande distance de la côte ; de rallier à la civilisation, en tant que ce rapprochement était possible, la population africaine, et de l'amener, par degrés, à préférer l'état de paix avec les Européens, à l'état actuel de guerre et de destruction. C'est rechercher les résultats auxquels sont arrivés les Espagnols au Mexique et l'Angleterre aux États-Unis. Il y a ici, cependant, une différence d'un avantage inappréciable pour la France, c'est que ce but peut être atteint sans avoir à détruire tout un peuple pour occuper sa place. Les tribus nous cèdent facilement le terrain qu'il convient d'occuper ; elles n'ont même à opposer aucun système régulier de défense. Si quelques Arabes consentent à vivre sous nos lois, le plus grand nombre n'attend que le moment favorable pour s'éloigner. Le massif de l'Atlas est assez vaste et contient des vallées assez riches pour qu'ils n'aient pas à regretter les provinces de l'ancienne régence, plus voisines de la mer. Plus tard, les besoins réciproques feront établir des relations amicales entre les populations. Les Arabes et les Maures, sans modifier radicalement leurs mœurs, ont vécu pendant des siècles en Espagne, en parfaite harmonie avec les populations chrétiennes. Aujourd'hui encore, dans plusieurs contrées de l'Asie, et de temps immémorial, les Musulmans, les Juifs et les différentes sectes du christianisme sont réunis sous un même ciel, sous un même gouvernement, sans que la différence de religion et d'usages ait jamais paru un motif pour dissoudre cette société composée d'éléments si variés. La haine, entre des hommes de race différente, a plus souvent son origine dans les exigences de la politique que dans la nature humaine.

Le plan d'exploiter les provinces conquises, en en faisant une colonie de production, comme elles l'ont été du temps des Romains, une fois adopté, deux manières de le mettre à exécution se présentaient encore: concentrer tous les moyens de colonisation dans la seule province d'Alger ; laisser provisoirement, sous la garde de forces suffisantes, les villes de Bone et d'Oran , ainsi que les points intermédiaires de quelque importance; soumettre à des tributs, à l'exemple des Turcs, les habitants de ces contrées, et, plus tard, les beys de Constantine et de Tlemcen; ou bien, suivant un plan plus développé, pénétrer, à la fois, vers les positions les plus favorables à l'intérieur du pays et fonder , par la permanence des camps, une colonie militaire sous la protection de laquelle l'émigration , favorisée activement en Europe, serait venue s'établir.

Le premier de ces deux partis, conseillé par la prudence, offrait prochainement des résultats peu brillants, il est vrai, mais d'une utilité certaine. On ne s'y arrêta pas, dans le commencement; depuis, la pensée d'en rapprocher s'est montrée par intervalles, mais dans des circonstances telles que cette mesure ne pouvait plus qu'être accompagnée de graves inconvénients. On a préféré opérer sur une échelle très étendue; mais il n'est que trop évident qu'avant d'agir, on n'a pas songé à calculer où l'on s'arrêterait, ni quel avantage serait retiré du formidable appareil des forces employées à soumettre de misérables tribus de pasteurs, sans moyens de défense et sans chef pour les rallier.

Le détail des faits formera le plus instructif des tableaux, mais c'est une tâche qui appartient aux hommes qui y ont pris part; elle ne se lie pas à cet examen qui a seulement pour but les résultats pratiques et d'intérêt général. Nous avons donc évité de rappeler les actes des individus et autant que possible de discuter sur les divers systèmes qui se sont succédé, sauf ce qu'il a été indispensable d'exposer pour faire voir que dans l'ensemble il y a eu manque absolu de plan arrêté.

Nous avons considéré la marche politique suivie en Afrique comme ayant constamment reçu la direction immédiate d'un même être moral appelé gouvernement. Sans nous dissimuler cependant que cette direction entourée de tous les attributs de la puissance, se trouve précipitée en avant par un autre principe irrésistible que j'appellerai *volonté nationale* manifestée, dans les temps de crise, d'un ton impérieux qui ressemble à la voix d'un maître ; pendant les époques normales, sous le nom d'opinion publique, elle se formule en vœux plus ou moins écoutés d'abord, mais qui finissent toujours par prévaloir. Tout le monde a donc mérité sa part de la critiqne, s'il y a eu erreur. Le gouvernement, bien qu'animé des meilleures intentions, ne peut pas être universellement habile. La philosophie dira que c'est le sort des institutions humaines, de ne pouvoir briller de tous les côtés à la fois ; il y a néanmoins, dans l'étude des souvenirs, des enseignements si profonds que nous trouvons dans leur importance même un motif de bon espoir pour l'avenir.

Dans l'impossibilité d'attribuer une pensée suivie de colonisation dans l'administration des gouverneurs de l'Algérie et avant d'aborder les questions que cette colonisation naissante, créée accessoirement au milieu du bruit des armes et dans l'intervalle d'un camp à l'autre, soulève naturellement, nous exposerons en peu de mots le tableau d'activité qu'elle présente aujourd'hui ; car il y a eu colonisation quand même !... irruption de la spéculation, malgré les procédés gouvernementaux, malgré l'argent à 25 p. %.

Résumant cette introduction, nous proposons d'avoir recours, pour l'administration des intérêts locaux et pour le plus grand éclaircissement des questions qui s'y rattachent, à un conseil provincial composé des principaux industriels, cultivateurs et négociants établis, depuis au moins deux ans, en Afrique, désignés d'abord par l'administration et se renouvelant ensuite par portion au moyen de l'élection. Enfin, après avoir signalé l'absence de vues générales applicables à un système arrêté d'intérêt public, nous voyons la justification de cette opinion dans les événements qui suivent la prise d'Alger, dans les excursions militaires, sans but défini, et dans l'abandon où sont restés les soldats pendant plusieurs années. Des corps nombreux ont été soumis à des conditions délétères, par l'intempérie du climat bravée hors de propos, par la nature du logement et quelquefois aussi par la mauvaise qualité de la nourriture. On reconnaît une incertitude également fatale dans le mode d'occupation du pays ; tantôt suivant une marche progressive vers une circonférence démesurée, tantôt battant en pleine retraite vers le centre et donnant, après la victoire, au dernier de nos mouvements rétrogrades (l'abandon de Tlemcen) tous les caractères d'une déroute complète. Enfin, pour couronner cette série de désastres, on a, par un traité que l'opinion a déjà apprécié, préparé à notre brave et infatigable armée, avec des obstacles redoutables, des jours de sang et de gloire qui seront aussi des jours de deuil pour la patrie.

DE LA GESTION

DES INTÉRÊTS NATIONAUX

EN AFRIQUE.

PREMIÈRE PARTIE.

OCCUPATION.

Dès les premiers temps de l'occupation, la nation française avait pressenti les avantages qui pouvaient résulter de l'exploitation bien entendue de la côte d'Afrique, et quel vaste champ allait s'ouvrir à l'activité de l'esprit de spéculation, aux travailleurs surtout, inoccupés ou réduits à un salaire qui suffit à peine au maintien de leur existence.

Sans comprendre encore cet état de choses et sans plans arrêtés, le gouvernement obéit instinctivement;

l'armée d'Afrique fut augmentée; l'occasion de combattre ne s'offrit pas longtemps en vain; on partit; des expéditions pénétrèrent dans la plaine de Mitidja, dont le nom devint populaire, et bientôt nos drapeaux franchirent les défilés de l'Atlas. Après une lutte soutenue par les indigènes avec opiniâtreté, dans une guerre de surprises et d'escarmouches, les environs d'Alger se pacifièrent en partie, les blockhaus commencèrent à produire d'heureux effets, et d'énergiques représailles éloignèrent les tribus les plus belliqueuses en leur faisant connaître l'inutilité de leurs attaques. La résistance fut domptée partout; mais la question de l'avenir de l'Algérie, restée sans solution et peu méditée jusqu'alors, se présenta avec toutes ses difficultés.

Quoique les agents du pouvoir s'occupassent en apparence peu volontiers de plans relatifs à un établissement de production, du moins les démonstrations guerrières venaient de prouver qu'il y avait eu ambition de soumettre toutes les provinces de la Régence, non plus pour leur imposer simplement un tribut, mais pour déposséder les chefs indigènes, expulser la milice qui était à leur solde, et les remplacer par les garnisons françaises.

Cette détermination eut sa première application dans la province d'Oran. Bien que l'audacieuse entreprise de frapper et de conquérir partout à la fois fût accompagnée de chances inquiétantes, puisque les forces se trouvèrent distribuées sur une foule de points éloignés les uns des autres, et que l'on pénétrât dans un pays encore mal étudié, elle était cependant justifiée en quelque sorte par l'avantage de la discipline et des armes. Le succès amena des résultats qui répondirent, dans une proportion exacte, à la somme des prévisions employées pour les préparer; les yeux fixés sur la carte d'Afrique, c'était un plan de campagne que l'on avait tracé; la ville, considérée comme le terme du voyage, une fois occupée, le chef-d'œuvre semblait consommé, et désormais on rentrait dans le repos jusqu'à ce qu'il fût question d'approvisionnements ou de relever la garnison, opération qui donnait lieu à la solution d'un nouveau problème militaire, sans que l'on s'inquiétât beaucoup de la stabilité des résultats, ni même, jusqu'à un certain point, des périls du retour. Après une assez longue succession d'épreuves semblables, vint l'établissement des camps intermédiaires. Ils eurent pour utilité journalière de protéger le trajet des expéditions d'une extrémité à l'autre, facilitèrent le service de la correspondance et firent cesser l'agglomération de corps trop nombreux sur un seul point quelquefois malsain. Ici du moins, par une heureuse complication, l'intérêt stratégique pouvait marcher de pair vers le but commun avec le système de colonisation. Le séjour des mêmes troupes prolongé quelquefois pendant plusieurs années dans une même position; l'oisiveté du camp en temps de paix; l'utilité d'un travail modéré pour entretenir les forces et la santé, et son bon effet moral, qui prévient l'ennui et diminue l'amertume de l'éloignement du sol natal; une foule de considérations, enfin, prises dans la question militaire et ayant pour but la conservation du soldat, s'unissaient à la raison d'humanité pour appliquer l'armée à des travaux d'agriculture. Cette destination se liait étroitement aussi au but principal, au but unique qui a conduit tant de Français sur les côtes africaines.

On compte dans les rangs de l'armée un grand nombre d'hommes accoutumés, dès l'enfance, à la culture des champs et des jardins; ils sauraient mettre à profit les portions de terrain qui leur seraient distribuées; d'autres ont terminé, avant d'être appelés sous les drapeaux, l'apprentissage de divers métiers, et tous, s'aidant mutuellement, sans imposer à l'État des charges nouvelles, formeraient, dans les contrées qui seraient désignées, une de ces colonies militaires dont on retrouve des exemples et des modèles à toutes les époques de l'histoire ancienne et moderne. Quand viendrait l'expiration des années du service, ces cultivateurs guerriers regarderaient comme un bienfait l'abandon qui leur serait fait du droit de propriété sur la terre fécondée par leurs mains. On ne tarderait pas à voir s'élever, au lieu des barraques, des huttes et des tentes actuelles, des maisons bien construites où des familles pourraient commodément s'établir. Ces commencements, admettant que l'emplacement des camps soit ordinairement choisi avec assez d'attention pour que l'on y trouve réunies les conditions naturelles qui en favorisent l'exploitation, indiqueraient aux colons qui arriveraient successivement, les contrées qu'il faut préférer et faciliteraient leur premier établissement.

Les camps éminemment propres à des travaux de ce genre étaient, dès le principe, ceux de Blidah et de Koléah. L'habitude que les troupes qui y ont séjourné avaient contractée d'être fort mal abritées contre les intempéries de l'air, leur aurait fait considérer comme une amélioration les cabanes qu'elles-mêmes auraient construites; la vente de plantes potagères cultivées aux portes d'une ville, et devant sur-le-champ pourvoir à la consommation du camp, aurait été assez productive pour consoler le soldat des longues souffrances qu'il a dû supporter sans aucune compensation, l'été par l'effet des chaleurs excessives, et l'hiver sous des torrents de pluie. L'occupation beaucoup trop tardive [1] et purement militaire de ces deux villes, clés de la prospérité future dans la Mitidja, ordonnée au mois de février 1839, n'a encore, au moment où nous écrivons, apporté aucun changement à l'ancien

[1] Les motifs connus de l'administration pour s'arrêter devant les portes de ces deux villes et pour méconnaître, sans nécessité, les graves inconvénients d'un campement prolongé sous un tel climat, sont assez curieux pour être rappelés ici. On a craint : 1° de contrarier les habitudes des indigènes et de voir les orangeries détruites ; 2° la spéculation grande, moyenne et petite ; 3° la possibilité des procès entre les nouveaux propriétaires. On ne sait ici qui l'emporte de l'absurde ou du ridicule, et ce serait offenser le bon sens public que de produire les objections qui se présentent naturellement. Il suffit de constater, d'après les termes d'un rapport presque officiel : « QU'AUJOURD'HUI UNE GRANDE PARTIE DE LA POPULATION DE CES VILLES S'EST ÉLOIGNÉE ; QUE LES ORANGERS SE DESSÈCHENT FAUTE D'ARROSEMENT ET QUE LES CLÔTURES DES JARDINS S'ÉCROULENT. » *Risum teneatis......*

état de choses ; on n'a même pas utilisé ces positions importantes qui, fortifiées, auraient servi d'appui à un corps d'opérations en cas de guerre, afin de protéger les établissements de la plaine et le massif d'Alger.

Les forces sorties de Blidah, d'où il est aisé de correspondre avec Koléah par des signaux, auraient incessamment exposé l'ennemi à être attaqué de plusieurs côtés à la fois, et à être coupé dans sa retraite.

D'autres camps, par leur heureuse situation et par leurs rapports pacifiques avec les tribus, réclamaient les mêmes encouragements donnés à la culture des terres. Nous parlons des camps établis sur la route de Bone à Constantine. Toutefois, hâtons-nous de le dire, un premier effort a été fait ici en faveur de la colonisation militaire. On aime à rencontrer sous la tente une pensée de philantropie ; elle forme un contraste consolant là où tout réveille le souvenir de la destruction. L'impulsion donnée au camp de Ghelma honorera le nom de celui qui l'a déterminée et qui n'a pas craint, en donnant un exemple utile à l'humanité, de se séparer du système de dédain suivi trop souvent en Afrique à l'égard des intérêts matériels respectables pour tous, sacrés aux yeux de la philosophie, puisqu'ils sont par excellence ceux de la classe la plus pauvre. Si cette mesure avait été plus généralement adoptée et maintenue avec constance, on verrait chaque année sortir des rangs de l'armée des hommes encore jeunes, accoutumés à une vie laborieuse et devenus propriétaires, après être partis de leurs villages sans autre perspective que celle d'y revenir travailler à la journée. Le camp de Misserghin, près d'Oran, est le seul où l'autorité supérieure ait protégé avec persévérance la culture de la terre par les soldats. Malheureusement ce camp est situé dans la province la plus négligée aujourd'hui.

L'utilité qui résultera partout, quand on le voudra, de la permanence des camps, peut se lier à l'encouragement de l'installation de la population civile, particulièrement dans les contrées où, après la province d'Alger, les camps se trouvent le plus multipliés, et où l'on voit résolue l'une des questions les plus intéressantes du système colonial en Afrique.

Le territoire compris entre Bone, Stora et Constantine, se trouve depuis longtemps cerné par des postes militaires; leurs communications réciproques sont établies; les ouvrages qui les défendent et leur force peuvent être augmentés; des routes seraient tracées et s'achèveraient bientôt, comme on l'a fait ailleurs; les communications s'établiraient ainsi pour toute l'année. Sur ce point, l'occupation militaire, aujourd'hui encore sans but déterminé et si pénible, ne changerait-elle pas entièrement d'aspect si l'on offrait aux spéculateurs et aux travailleurs qui viendraient s'établir en dedans des deux lignes militaires la garantie d'un système de défense et de protection capable d'inspirer la confiance ? A cet appel, Malte, la Sicile, les côtes de l'Adriatique et du sud de l'Italie fourniraient assez de bras pour seconder puissamment le travail des soldats, et l'on aurait en peu d'années plusieurs villages plus peuplés que celui de Deli-Ibrahim, près d'Alger, et enrichis par le même genre d'exploitation.

Si l'on n'agit pas avec une volonté ferme et intelligente pour atteindre ce but, nous nous verrons avant peu dans le cas d'adopter, pour Constantine, le parti de retraite qui fut pris à l'égard de Mascara et de Tlemcen. Plus même on tarderait à renoncer à l'occupation improductive du pays compris entre Constantine et la mer, plus on aurait à regretter le mauvais emploi des sacrifices prodigués jusqu'à ce jour.

Quelque brillantes que soient les opérations militaires, elles se réduisent à une vaine démonstration de forces, si elles sont isolées de toute idée de colonisation. Un trône du moyen-âge se serait peut-être contenté de faire la guerre avec gloire : au dix-huitième siècle, les nations calculent autrement.

Dans la province de Constantine, le plus difficile et le plus coûteux est déjà fait; c'est aussi le pays où le commerce de l'intérieur de l'Afrique a été de tout temps le plus actif. Bone et Stora offrent des facilités pour l'importation et l'exportation. Le territoire intermédiaire, déjà observé de tous côtés par des camps, présente des avantages certains, et les tribus qui l'habitent s'éloigneront de leur propre mouvement, dès qu'elles connaîtront que les Européens songent à fonder un établissement durable.

Cependant, depuis la prise de la ville de Constantine et l'occupation de la province qui porte ce nom, un statu-quo ruineux a subsisté. Au lieu de penser à l'exécution d'un plan raisonné, indiqué par les circonstances locales actuelles, par les besoins de la France et par ceux des autres populations européennes voisines de la côte d'Afrique, on a parlé de la suppression d'une partie des camps installés depuis longtemps sur la route de Constantine à Bone. On renoncerait ainsi, de propos délibéré, à la double utilité qui devrait résulter de ces établissements, en occupant les soldats avantageusement pour eux-mêmes, et en assurant la tranquillité dans un grand espace de terrain ouvert par cette protection à la colonisation.

Nous appelons l'attention sur la comparaison de ces améliorations liées intimement au but qu'il faut atteindre, et aux intérêts nouveaux que l'occupation met en jeu, avec l'avenir que l'administration regarde comme le plus grand bénéfice qui puisse résulter de la réussite du *système* qu'elle favorise. Considérant les heureux effets produits par la continuation du régime actuel, le pouvoir se félicite et déclare qu'à Constantine :

« *Les revenus publics levés, en notre nom,*
« *par les khalifats, pourront se rapprocher*
« *du chiffre qu'ils avaient atteint avant l'é-*
« *poque de la conquête.* »

Sait-on bien ce que sont ces khalifats? Ce sont des receveurs-généraux de moderne création ; élément financier inconnu jusqu'à nous, et dont la modestie se contente de garder « LE TIERS DE LA RECETTE BRUTE POUR INDEMNITÉ DES FRAIS DE PERCEPTION. » Ces déclarations sont extraites d'un rapport très instructif, lu dernièrement en présence de l'Académie des Sciences morales et politiques.

Espérons que la réflexion empêchera de mettre à une trop longue épreuve le désintéressement de ces comptables à larges manches, et que nous trouvant enfin dans une voie d'innovations, on adoptera les mesures les plus convenables pour accélérer la colonisation civile et productive.

Les causes qui se sont puissamment opposées au développement de cette colonisation, et les moyens qui s'offrent pour qu'elle s'effectue, formeront le sujet de la dernière partie de ce résumé.

Une heureuse disposition naturelle secondera à l'ouest d'Alger, dans la province d'Oran, une opération semblable à celle qui vient d'être indiquée. Tlemcen, située dans une des plus fertiles régions du nord de l'Afrique, n'est qu'à deux journées de distance de l'embouchure de la Tafna ; c'est à peu près le même intervalle que celui qui sépare Stora de Constantine. Les expéditions ont déjà plusieurs fois franchi l'espace entre Oran et Tlemcen. Un système de camps installés comme ceux de la province de Constantine, assurerait la possession du riche territoire placé entre Tlemcen, Oran et l'embouchure de la Tafna, où déjà des fortifications ont été construites. Les colons pourraient alors s'y fixer avec sécurité. Cet état de choses attirerait une population espagnole venue des îles Baléares et de la côte méridionale de l'Espagne, où la culture de la canne à sucre, celle du coton, de la cochenille, du murier et de l'olivier sont déjà familières aux habitants de la campagne; ceux-ci retrouveraient sous le même climat, dans une contrée plus fertile et avec des avantages qu'ils ne peuvent avoir dans leur pays, tous les moyens de se livrer aux travaux et à l'industrie auxquels ils sont déjà habitués.

Je viens d'indiquer sommairement l'extension que nos armes ont donnée à l'occupation française dans l'Algérie. La ligne intérieure de démarcation du pays sur lequel on a paru vouloir agir était déterminée d'une manière convenable par les villes de Tlemcen, Mascara, Blidah et Constantine. La position de chacune de ces villes indique un centre distinct d'opérations : Tlemcen est appuyée par l'embouchure de la Tafna et par la ville d'Oran; Mascara par Mostaganem et Arzew; Constantine par Bone et Stora; enfin, la province d'Alger ne peut être livrée à l'exploitation qu'en établissant une ligne défensive bien calculée sur les versants de l'Atlas, au sud de la Mitidja; Blidah et les forts qui doivent la dominer sont destinés à former la base de cette protection.

Jetant maintenant (1839) un coup d'œil sur l'ensemble des provinces que nos forces ont occupées depuis dix ans, on reconnaîtra que l'étendue de pays dominée par la France a diminué depuis plusieurs années, que partout la sécurité est restée insuffisante et que sur quelques points, après avoir commencé à s'établir, elle a disparu tout-à-fait.

Il a été dit, sans qu'aucune protestation se soit élevée, au commencement de la session de 1839 :

Que l'on s'étonnait de voir citer l'Afrique parmi des griefs ; qu'elle offrait le modèle de la meilleure administration.

En vérité ces paroles jetées à la France du haut de la tribune ne sont-elles pas faites pour y répandre le plus profond découragement! Quoi! la direction aurait été habile, et cependant l'occupation au lieu de prospérer est en décadence! Qui ne devrait conclure de ce rapprochement que tout espoir est perdu et que les obstacles sont désormais insurmontables! C'est en grande partie pour en appeler de cette déclaration dangereuse que nous avons résolu de retracer l'ensemble des faits.

Quel est aujourd'hui le sort de Tlemcen conquise en d'autres temps et conservée ensuite au prix du dévouement et des souffrances d'une garnison peu nombreuse? Qu'est devenue cette ville où nous appelait une population guerrière dont les intérêts s'unissaient aux nôtres (les Koulouglis)? Qui l'ignore? C'est aujourd'hui l'un des points d'appui d'Abd-el-Kader, l'un des boulevards de sa puissance. Et ces coûteuses fortifications élevées aux bords de la Tafna! Le traité qui livrait Tlemcen et causait la ruine de nos alliés les abandonnait aussi! Une partie de ces constructions est encore debout pour témoigner de l'inconstance de la politique de la France. L'île de Raschgoun, rocher placé vis-à-vis de l'embouchure de la Tafna et hors de la portée du canon, a seule dans ces parages conservé une garnison dont l'approvisionnement envoyé d'Oran se fait avec difficulté.

Tandis que la marche générale du gouvernement de l'Algérie ne se fait remarquer que par l'incohérence de ses plans et l'oubli complet du but unique que l'on doit se proposer, c'est Abd-el-Kader, c'est un Arabe qui, sans autre guide que son jugement dans l'appréciation de son intérêt, nous montre un système suivi avec persévérance et habileté. Sachant employer à propos tous les dehors d'une politique adroite, et profitant des moindres circonstances pour s'agrandir à nos dépens, ce chef a dû à nos fautes et à sa capacité une succession d'avantages réels ; son influence morale a commencé à s'étendre, grâce aux triomphes d'amour-propre que nos généraux ou leurs délégués lui ont plus d'une fois ménagés. Les égards dont il a été l'objet l'ont bientôt fait regarder parmi les siens comme doué d'une véritable supériorité ; depuis, les circonstances l'ont assez favorisé pour que cette opinion semblât de plus en plus fondée. Sa fortune rapide a pour cause principale le traité de la Tafna auquel on devait d'autant moins s'attendre que l'ennemi, lassé par les ravages qui, chaque année, détruisaient la récolte des tribus qui lui étaient soumises, et vaincu en plusieurs rencontres, se voyait réduit à demander la paix. On ne peut s'empêcher de remarquer que cet acte, au lieu de trouver sa justification dans une compensation quelconque, n'a été suivi que de conséquences désastreuses. En effet, dans le même temps que l'émir était reconnu maître de la province de Tlemcen (si belle et si avantageusement située que le souverain de Fez en a convoité la possession) et complétait ainsi une ligne hostile de frontières qui enveloppe tout le territoire réservé à la France, l'armée évacuait sans coup férir le pays qu'elle avait occupé entre Oran et la Tafna, conservant seulement le petit camp de Misserghin, aux portes d'Oran, et le rocher de Raschgoun.

Dans un nouvel établissement, là où il faut tout créer, si les premiers sacrifices restent sans résultat, et si, d'année en année, il faut les renouveler sans obtenir plus d'effet, l'état de souffrance ainsi entretenu amène promptement le découragement, et, dans ce cas, le découragement est bien près de l'abandon.

Depuis 1830, si les progrès avaient été lents, si l'exécution avait manqué quelquefois de prévision dans les détails, du moins aucun échec décisif n'avait pu diminuer chez les indigènes, à l'approche de nos colonnes, un sentiment de crainte et d'infériorité. Le sol de l'Algérie, occupé par droit de conquête, était foulé librement par nos soldats, sans qu'aucune voix se crût assez puissante en Afrique pour dire : « Ceci est à moi », sans qu'un engagement solennel élevât une barrière qui ne peut plus être franchie qu'en accusant le passé d'inconséquence.

Nous n'avions eu à combattre que des tribus isolées, dépourvues de point de ralliement, qu'il eût été possible d'opposer les unes aux autres, en prévenant surtout le fait d'effrayante portée d'un drapeau national et religieux levé contre nous. Par le traité de la Tafna, l'unité fut donnée à la résistance; elle s'organisa autour d'un seul homme assez influent pour se créer des partisans volontaires, assez fort pour exiger au loin l'obéissance. Les Français avaient cédé; des positions longtemps défendues par eux avaient été abandonnées avec leurs fortifications; que fallait-il de plus pour détruire le prestige de notre force morale?

Dans l'est, à l'extrémité de la Régence, on trouve le port de La Calle, seul point de production actuelle que la France possède dans l'Algérie. La pêche du corail donne aujourd'hui un mouvement de 200 bâtiments caboteurs annuellement. En outre, la contrée qui s'étend aux environs de la Calle renferme d'immenses forêts de chênes-liéges dont l'exploitation est facile et n'a pas été encouragée. Tout ce territoire est borné au sud par plusieurs lacs qui rendent l'occupation militaire peu onéreuse et offrent à la colonisation une entière sécurité.

Dès 1836, et pendant les deux années suivantes, on avait compris ce que cette situation avait d'avantageux, et l'administration locale heureusement inspirée avait adopté des mesures dont les résultats utiles appartenaient à un avenir assez rapproché. Ces germes d'établissements ont été étouffés à la fin de 1838, par l'installation d'un régime tout militaire qui remit les choses dans l'état où elles s'étaient trouvées le premier jour de l'occupation. Les relations pacifiques déjà établies avec les Arabes du voisinage cessèrent bientôt. Marquons ici un pas rétrograde.

La sécurité qui, peu après la prise de Constantine, avait commencé à régner dans la province de Bone, n'existe plus. A Stora-Philippeville on est confiné dans l'enceinte du camp; il en est de même des autres établissements militaires situés entre la plage de Stora et Constantine.

Hors des villes, il n'existe pas de population civile proprement dite, car on ne peut donner ce nom aux nombreux débitants de liqueurs, porte-balles et fournisseurs qui suivent toujours un corps d'armée et font halte avec lui : en Afrique, la plupart de ces spéculateurs nomades sont espagnols ou italiens.

Enfin, dans la province d'Alger, l'administration n'a point obtenu son but essentiel : la complète pacification du pays. Là, comme partout ailleurs, elle s'est malheureusement préoccupée de ses rapports avec les Arabes, a placé cette considération en première ligne et a laissé sur le second plan les intérêts des spéculateurs européens.

Les sujets musulmans qui habitent encore les villes où ils sont propriétaires ne donneront probablement aucun sujet d'inquiétude, et à leur égard l'institution d'une DIRECTION DES AFFAIRES ARABES était nécessaire. En sera-t-il de même de la population indigène qui vit sous des tentes, au milieu des campagnes déjà cultivées ou à la veille de l'être par les Européens? Pour tous ceux qui connaissent la province d'Alger, et ont été à même de juger à quelle classe de la population africaine appartiennent les familles indigènes que l'on voit encore aux environs d'Alger, la réponse à cette question ne sera pas longtemps douteuse. C'est à ces hôtes qu'il faut attribuer les scènes de meurtre et d'incendie dont cette contrée a été tant de fois le théâtre. Le maintien de cet état de choses annoncerait une persistance fatale dans l'espoir de régner un jour sur les Arabes et de les amener à un état voisin de la civilisation. Si l'état social des tribus doit subir une si heureuse transformation, ce ne sera pas de notre main qu'elles accepteront ce présent. L'organisation qui pourra d'abord leur être appliquée aura pour base une constitution militaire, et le premier usage qu'ils feront de leurs armes sera de les tourner contre nous. Jusqu'à ce qu'il soit adopté, à cet égard, une mesure décisive, l'état d'engourdissement qui pèse depuis dix années sur la colonie ne cessera pas ; car le sentiment de défiance qui empêche encore le développement de vastes spéculations subsistera jusque-là. Pourquoi laisserait-on se multiplier les leçons de l'expérience, quand elles imposent de si douloureux sacrifices ? Nous aimons à reconnaître que l'on a exécuté une foule de travaux nécessaires, à grands frais, mais sur une échelle convenable et digne de la nation au nom de laquelle ils ont été entrepris. Toutefois, les plus utiles de ces travaux ont été attendus si longtemps, qu'avant qu'ils fussent seulement commencés, des maux sans nombre et irréparables avaient été causés. On se souvient des désastres de Bone, où l'insalubrité des baraques qui servaient d'abri au soldat était encore augmentée par l'influence du site choisi pour l'établissement des camps. Au moment où nous écrivons, cet état de choses n'a encore subi que des modifications très insuffisantes. Depuis longtemps de belles routes ont été tracées autour d'Alger dans diverses directions, mais admettra-t-on que toutes les précautions dictées par la prudence aient été adoptées pour maintenir la sûreté des communications? Peu de semaines se passent sans que l'on ait à déplorer quelque triste événement. Les mêmes désordres auraient lieu quand bien même les camps situés aux portes d'Alger seraient en partie transportés à la frontière, quand bien même il existerait une gendarmerie nombreuse.

La cause véritable du mal, nous l'avons indiquée : çà et là, dans le massif d'Alger et sur l'immense tapis de verdure de la Mitidja, se sont établies des familles arabes, dont l'aspect sinistre et sauvage attriste le riant paysage que l'on a sous les yeux. Leur présence au milieu de la colonie naissante est un reproche continuel adressé à la tolérance qui jusqu'ici a été si mal récompensée. Sans cesse ils épient le moment favorable pour nuire; au besoin, ils servent de sentinelles avancées à des aventuriers venus du dehors; ceux-ci avertis à temps frappent à coup sûr et toujours évitent la poursuite.

Depuis les portes d'Alger jusqu'aux frontières si rapprochées du pays abandonné à l'autorité d'Abd-el-Kader, les renseignements sont transmis avec rapidité par des émissaires qu'une faible récompense satisfait. On ne peut raisonnablement espérer que le fils de l'Atlas s'identifie avec les usages des Européens qu'il méprise, quand, penché sur son coursier, il peut en quelques instants se trouver au milieu des siens. C'est là une croyance qui peut séduire comme système, mais qui, dans la pratique, a déjà fait trop de martyrs. C'est beaucoup accorder à l'influence de notre état social, et bien peu à celle d'un autre état tout différent et qui constitue une société bien plus ancienne que la nôtre. A l'indifférence religieuse de l'Europe, l'Arabe oppose le fanatisme et un orgueil de race qui l'ennoblit jusqu'à ses derniers instants; il sait souffrir et mourir sans proférer une plainte. L'impossibilité de rapprocher les Arabes d'aujourd'hui des colons qui arrivent de l'Europe est reconnue par toutes les opinions; avec l'éloignement des indigènes, la France acquerra la faculté de coloniser et d'exploiter une grande partie du territoire qui s'étend entre les premières chaînes de l'Atlas et la mer ; la paix est le premier besoin de l'agriculture, et une sécurité complète peut seule inspirer de la confiance aux capitalistes. L'exploitation du sol recevra d'eux son impulsion ; mais s'ils ne trouvaient pas dans le commerce et dans les besoins variés de la population les éléments qui peuvent les seconder en les enrichissant, vainement multiplierait-on les cultivateurs militaires ; ceux-ci succomberaient bientôt par l'effet de la pauvreté ; leurs travaux n'auraient pas d'avenir et trouveraient des obstacles invincibles dans la cherté des instruments de travail, toujours entretenue par le manque de journaliers et d'ouvriers de tout genre.

L'esprit étroit qui, dans cette question, tendrait à isoler les uns des autres des éléments nombreux qui doivent agir de concert, renoncerait aux plus belles chances de succès et sèmerait des germes de rivalité et de ruine là où l'esprit d'association voit tout un monde à créer.

L'utilité de livrer à la spéculation européenne les territoires que nous avons désignés, se recommande d'elle-même. Au delà de ces limites, les vues exposées dans la brochure intitulée : *De la régence d'Alger*, par M. E. Cavaignac, s'appliquent aux tribus que la ligne de nos frontières tracées depuis la Tafna jusqu'à la Calle séparerait de l'intérieur. Un système de défense et de protection fort et permanent retiendrait ces tribus dans l'alliance de la France, permettrait des rapports pacifiques entre elles et les Européens établis en Afrique, et pourrait graduellement opérer un rapprochement entre les deux races.

Pour motiver le vote des frais immenses qu'entraîne l'occupation, on sent la nécessité de voir en activité des établissements utiles. Afin de répondre au vœu national, l'administration militaire s'appliquera sans doute à réunir des intérêts qu'elle a trop séparés jusqu'ici : la pacification du pays et la protection à accorder aux colons cultivateurs. On travaillera à la destruction d'un préjugé nuisible au plus haut degré au développement de la colonie. N'a-t-on pas propagé l'idée que les soldats ne doivent avoir affaire qu'aux Arabes, et qu'il s'agit d'établir sur les tribus un gouvernement comme on pourrait le constituer en Europe après une conquête !

Nous regrettons, en terminant cette partie de nos observations, d'avoir à rappeler que l'administration a semblé préoccupée de la constitution d'un *empire africain*, et qu'au lieu de se rattacher aux progrès de la colonisation, seul but de la présence d'une armée française en Afrique, elle n'a point encouragé l'établissement volontaire des soldats dans l'Algérie, après l'expiration du temps du service militaire; enfin, qu'elle a erré sur un point essentiel, en confiant la solution de toutes les questions à une spécialité de force et d'action il est vrai, mais incompétente pour prononcer sur les difficultés en matière judiciaire, civile et économique.

DEUXIÈME PARTIE.

COLONISATION.

L'impulsion donnée du fond du cabinet aux opérations militaires s'est trouvée plus d'une fois en contradiction avec les plans que la force des circonstances imposait aux officiers revêtus d'un commandement supérieur. Nous nous réunissons à une autorité compétente déjà citée (M. E. Cavaignac) pour voter un tribut d'éloges à ceux qui ont, « dès les premiers « jours, compris la question d'Afrique, n'ont point « reculé devant leur tâche et ont laissé aux évène- « ments eux-mêmes le soin de faire ressortir les né- « cessités... Il est des circonstances graves où il est « permis de servir son pays malgré lui-même. »

Si donc il est constant que la direction de la guerre en Afrique avait des chefs capables de suppléer à l'insuffisance des instructions venues de Paris, et si malgré cette circonstance l'occupation militaire est encore après dix ans tronquée et impuissante ; quelle sera, dans l'absence d'une autorité assez indépendante pour adopter les déterminations dictées par la force des choses, l'organisation des services civils et, par suite, quel système colonial a présidé à l'installation des intérêts matériels?

Sans nous récuser entièrement pour présenter un exposé général des faits, nous déclarons d'abord qu'une instruction complète, telle que la France a droit de l'attendre, embrasse trop de questions locales pour que nous osions entreprendre une étude aussi vaste. Il y aurait trop de présomption à prétendre indiquer à chaque instant ce qui déjà devrait être fait et ce qu'il importe de faire aujourd'hui.

Un rapport rédigé par les principaux colons eux-mêmes pourrait seul réunir toutes les conditions désirables et répandre la plus vive lumière sur une foule de questions nouvelles suscitées par des conditions, à peu près inconnues en France, d'intérêt public, de territoire et de climat.

Traiter des considérations qui naîtront lorsque la colonie aura acquis un certain degré de développement, ce serait se livrer à une discussion anticipée, sans utilité actuelle, et augmenter en vain le volume de cet écrit qui a besoin pour être lu d'avoir au moins le mérite de la brièveté. Résumant donc en peu de mots nos impressions, nous décrirons l'état du pays, tel qu'il s'est offert dans nos excursions, et la condition des Européens qui habitent déjà l'Afrique, d'après les observations que nous avons pu faire pendant notre séjour au milieu d'eux. Toutefois nous n'avons pu nous dissimuler que l'examen sérieux d'un tel sujet porte en soi un vice presque mortel aux yeux de quelques lecteurs accoutumés aux images séduisantes que leur offre chaque jour un peuple de romanciers. Le côté poétique de la vie morale est un champ si fécond en points de vue pittoresques, l'imagination s'y laisse entraîner avec tant de plaisir que pour l'arracher à cette sphère de douces émotions, il faudrait revêtir la réalité de formes assez aimables pour faire oublier les rêves. Par malheur, ici le dédommagement est à peu près impossible. Sans doute un beau ciel a aussi sa poésie; une mer azurée dont les flots expirent sur une plage fertile, les prairies émaillées, les lauriers-roses, les bosquets d'orangers, l'ogive mauresque, tout cela se lie à merveille aux idées favorites du monde élégant. Mais ce n'est pas en suivant cette voie que la raison pourra se satisfaire ; ce n'est pas assez que l'on ne doute plus de la beauté du pays acquis à la civilisation ; il reste à remplir une haute mission dont les conséquences méritent toute notre attention, mission d'humanité, car on y trouvera le secret du soulagement de bien des misères.

La population civile venue d'Europe, depuis 1830, composée en grande partie d'Espagnols et d'Italiens, s'est attachée d'abord de préférence au genre de spéculation favorisé par la consommation des camps ; elle y trouva sur-le-champ des bénéfices suffisants pour la détourner d'entreprendre des travaux plus pénibles. D'ailleurs, possesseurs d'un capital peu considérable, la plupart de ces étrangers étaient hors d'état d'attendre l'indemnité tardive que donne la culture, et en outre ils manquaient aussi des connaissances pratiques pour s'y livrer.

Des ouvriers de divers métiers arrivèrent successivement des provinces françaises et des pays étrangers. Les uns, imitant ceux qu'ils voyaient déjà prospérer, au lieu de s'occuper de leur profession, se joignirent aux spéculateurs de cantine, et l'on vit pendant les premières années, se multiplier non pas des établissements ruraux, mais des cafés, des bureaux de tabac et des restaurateurs; d'autres moins entreprenants cherchèrent de l'ouvrage et trouvèrent bientôt un bon prix de leur travail dans la ville d'Alger où des constructions nombreuses s'élevaient à la fois.

Quelques familles de paysans, venues principalement de l'Alsace, se présentèrent à leur tour; elles n'apportaient avec elles que leur pauvreté et l'habitude d'une vie laborieuse.

L'administration, fidèle cette fois à sa mission, leur fit distribuer des terres en petite quantité, fournit des instruments aratoires et quelques bestiaux, fit construire des cabanes, et le village Deli-Ibrahim se trouva établi à peu de distance d'Alger, sur un terrain favorable à la petite culture et dans un site dont la salubrité a justifié le choix. Les nouveaux colons furent d'abord entraînés, par le voisinage d'un camp, à se livrer au trafic lucratif, comme partout ailleurs, d'objets de consommation. Plus tard les forces rassemblées sur ce point étant devenues moins nombreuses, l'attention se reporta sur les terres que l'on avait commencé à ensemencer. Une persévérance de plusieurs années a porté ses fruits : les habitations se sont agrandies et améliorées ; les terrains cultivés ont multiplié leurs productions ; aujourd'hui enfin cette petite population, qui a échangé la misère qu'elle éprouvait dans son pays pour une aisance qui pourvoit à tous ses besoins, ne demande qu'à étendre davantage son exploitation. Les concessions nouvelles qui lui seront faites la récompenseront, sans doute, bientôt de ses efforts.

Ce résultat, qui devait encourager le gouvernement à en rechercher d'autres semblables, est à peu près le seul exemple de ce genre qui puisse être cité. Le village de Douarah, construit un peu plus loin, également sur la route de Blidah, conserve encore un aspect trop militaire. Il faut en dire autant de Boufarik, village plus étendu que les deux autres, et sur lequel on avait fondé de plus grandes espérances. Située au milieu de la plaine de la Mitidja, sans examen réfléchi des influences locales ou avec la pensée d'exécuter immédiatement de grands travaux de défrichement et de dessèchement, qui n'ont pas encore eu lieu, cette ville naissante est entourée de marécages extrêmement malsains et voisine des eaux presque stagnantes de l'Arach, dont le cours est embarrassé dans cet endroit par des roseaux. Un assez grand nombre de particuliers sont venus construire à Boufarik; mais n'étant pas assez puissamment secondés, ou plutôt se voyant abandonnés à leurs propres ressources, leurs travaux n'ont pris aucun développement malgré la bonne qualité du sol; et pour surcroît de maux, chaque année, des épidémies ont décimé cette population. Là, comme dans les autres parties de l'Algérie, les dépenses de défrichement sont considérables, et personne ne peut, à cette distance d'Alger, au milieu des tribus arabes, se livrer à des travaux dont les premiers essais ont été malheureux. Le vol des troupeaux est facile, et le principal produit qui, au commencement, serait celui des prairies, présente dans sa récolte de graves inconvénients : d'une part, dans le danger auquel s'exposent les travailleurs dès qu'ils s'isolent dans la plaine; de l'autre, dans l'élévation des prix exigés pour le fauchage et pour l'enlèvement des foins.

Quand la haute administration de la métropole aura laissé les rêves de domination despotique qui ont pu convenir à l'ambition d'un autre temps, et lorsqu'on sera convaincu que les imitations de l'Empire ne peuvent avoir, au nom de la France, d'application nulle part, on prêtera l'oreille à la voix des intérêts nationaux qui sont le principe et le but de tout gouvernement. On voudra faire oublier qu'il fut une époque où comme à Constantine, à Blidah et à Koléah, on a essayé de régner, comme autrefois Napoléon sur la pacifique Égypte, sur des populatious indolentes, façonnées à l'obéissance et à la vie des grandes cités! Un aveu dont la France a pris acte a dévoilé récemment toute la vérité. Là où la *spéculation européenne n'a pas été admise*, LES VILLES SONT DÉSERTES, LES MURS TOMBENT EN RUINE.

Cette politique qui a renoncé depuis dix ans aux fruits que la France devait attendre des 40 millions annuels dépensés en Afrique et des trente mille hommes effectifs qui y ont été maintenus, fera place aux inspirations de l'intérêt bien entendu de la nation. Les indigènes, refoulés par l'immense supériorité de nos moyens militaires et par l'activité des généraux, perdront la confiance qu'un système de faiblesse et de concessions leur a inspirée. Alors la ligne défensive de Blidah donnera aux colons de la plaine une entière sécurité et les attachera pour toujours à l'exploitation de ce magnifique territoire. Les portions les plus aqueuses seront desséchées en profitant de la pente du terrain, qui s'abaisse constamment depuis le pied du petit Atlas jusqu'au lit de l'Arach, et en rendant la liberté au cours de cette rivière. La disparition des arbustes qui couvrent aujourd'hui une grande étendue de la plaine de Mitidja, et sont une des causes principales du séjour des eaux, assainira infailliblement toute cette contrée. Quant à la partie supérieure de la plaine, elle est naturellement disposée pour être promptement fertilisée.

Pendant que les délégués du pouvoir exécutif prêtaient aux cultivateurs pauvres, avec lenteur et sans manifester une foi bien vive dans leur ouvrage, un appui faible au fond et dont la forme conservait les apparences d'opposition et de froideur, quelques représentants de la grande propriété en France, comprenant mieux la fixité des intérêts nationaux et combien toutes les questions placées dans cette sphère portent en elles des gages de stabilité qui ne succombent jamais qu'avec la nation même, vinrent confier des capitaux considérables au sol de l'Algérie, associant ainsi leur fortune particulière et leur avenir à la gloire et à l'intérêt de leur pays.

Nul doute qu'une direction inspirée par l'amour de la patrie et qui chercherait à s'éclairer par l'étude consciencieuse des difficultés locales, en écoutant la manifestation des besoins des colons de toute classe, en observant les efforts des diverses spéculations, ne hâtât pour tous le moment où leurs sacrifices et leur confiance seront récompensés.

Il était nécessaire que pour fonder des exploitations agricoles, on choisît la partie de la province d'Alger où la tranquillité pouvait être facilement assurée. Ce fut donc en suivant les ondulations des collines qui s'étendent en sortant d'Alger, dans la direction du S.-E., jusqu'à la plaine de Mitidja, que les colons achetèrent les propriétés des Maures qui, en s'éloignant, stipulèrent ordinairement, outre le prix une fois payé, le service d'une modique rente perpétuelle.

Le voisinage d'une grande ville élevant la valeur de la production, il fut possible de cultiver dès les premières années, sans perte, malgré le prix exagéré du travail maintenu jusqu'à présent par la rareté des ouvriers. Dans cette situation de vastes plantations de mûriers et d'oliviers ont bien réussi et donnent déjà, sur une grande échelle, un exemple à suivre dans le reste du pays.

Dans le même temps, l'aspect de la ville d'Alger

changeait entièrement de face. Au lieu des maisons mauresques dont la distribution intérieure protège si bien leurs habitants contre les rayons du soleil d'Afrique, mais qui n'offrent au dehors qu'une apparence triste et sombre, semblable à celle d'une prison ou d'un couvent, on a construit de longues rues qui présentent le même coup-d'œil que celles des principales villes de France.

Bien que le sol contînt des mines de tout genre, les matériaux sont venus en grande partie de l'étranger. *Le charbon de terre, le fer, les marbres auraient dû être l'objet de recherches actives; l'indifférence en pareille matière est un mal réel. Quels services aurait pu rendre en Afrique le corps du génie, s'il avait reçu une impulsion convenable!* L'ouest de la France eût pu fournir en abondance les bois de construction, sans que le nolis en augmentât sensiblement le prix ; ce fut néanmoins l'Italie qui profita de la consommation occasionnée en Afrique par les nombreux travaux de l'État et des particuliers. C'est aussi un fait remarquable et dont il serait utile de rechercher la cause, qu'une foule d'industriels et de capitalistes sont venus des diverses parties de l'Europe, tandis que ceux de France sont proportionnellement en plus petit nombre. Cette activité, non secondée par l'accroissement de la population, a porté la valeur de l'argent avancé à l'industrie à un prix exorbitant. Le travail et les établissements naissants succombent sous cette charge funeste qui doit sa prolongation moins à l'absence de capitaux qu'à la politique suivie par le gouvernement français.

La raison se refuse à admettre qu'un gouvernement national renonce jamais à l'exploitation du nord de l'Afrique. Rechercher les motifs probables de cet abandon, serait se livrer à un travail oiseux, et nuire dans l'esprit public au pouvoir, qui ne doit s'arrêter dans la haute gestion que la nation lui confie qu'à des projets dictés par une noble ambition. Nous nous contenterons de constater l'effet qu'a dû produire sur les capitalistes nationaux et étrangers, le défaut de système général dont les conséquences pussent servir de base à l'intérêt commercial; l'occupation de points principaux, tantôt annoncée comme passagère, quelquefois cessant en effet; parfois aussi longtemps maintenue, bien que considérée seulement sous le point de vue militaire. Comment justifier ce qu'il y a d'incomplet dans les mesures adoptées pour arriver à une entière pacification, là du moins où elle peut être facilement obtenue?

L'industrie privée a exécuté dans l'Algérie tout ce qu'elle pouvait entreprendre ; on pourrait en quelque sorte ajouter maintenant avec vérité qu'elle a trop fait, car elle ne pouvait prudemment s'avancer qu'en comptant sur l'assistance ferme et éclairée de l'administration publique. Cette assertion se trouve malheureusement justifiée par la cessation des travaux de plusieurs riches agriculteurs, après avoir eu à supporter des pertes considérables : suspension qui n'a été motivée ni par la qualité du terrain, ni par le manque de capitaux, mais uniquement par le défaut de sécurité. Cependant les travaux préparatoires sont assez avancés dans les environs d'Alger pour que cette province puisse être livrée à la colonisation quand on en aura la volonté.

Maintenant il faut se demander si l'administration a fait tout ce qui était en son pouvoir pour prévenir l'obstacle matériel déterminé par le manque de travailleurs ; si, ayant égard à la courte distance qui sépare l'Algérie de la France, elle a offert aux communications des facilités égales à celles organisées par les autres nations de l'Europe pour des colonies plus éloignées et moins importantes; égales à celles que le gouvernement français lui-même a jugé convenable d'établir pour correspondre avec l'Italie, l'Egypte et Constantinople?

Après la pacification, le but le plus intéressant à atteindre, c'est l'accroissement de la population laborieuse et productive en proportion des moyens dont l'État peut disposer pour l'accueillir à son arrivée et la mettre en possession du sol. On sait que cette mesure a déjà été mise en pratique avec bonheur pour le petit village de Deli-Ibrahim fondé depuis plusieurs années.

L'émigration d'Europe d'ouvriers de tout genre a besoin également d'être encouragée en leur offrant non-seulement un passage par mer gratuit, mais aussi une prime déterminée qui servirait à leur permettre d'attendre le moment où ils trouveraient de l'emploi. Avec cette garantie contre les privations et certains d'être protégés jusqu'au terme du voyage, les travailleurs consentiraient plus aisément à s'expatrier. Le nombre des bras mis bientôt en rapport avec les besoins refluera sur toutes les branches de l'industrie et ramènera le prix du travail à un taux proportionné au bon marché des objets de consommation.

Le manque d'individus appartenant à la classe ouvrière a partout arrêté dans l'Algérie la production industrielle et agricole. Les capitalistes ont devancé en Afrique l'arrivée des instruments dont ils doivent disposer pour fonder les ateliers de travail. Eût-on aujourd'hui les plus belles récoltes en céréales, en coton et en cannes à sucre, on manquerait de bras pour les recueillir, ou le prix de ceux qui seraient employés réduirait à très peu de chose la part de l'agriculteur dans le bénéfice. Les récoltes naturelles offertes par les prés sont dans ce cas; l'exploitation des mines ne peut avoir lieu; celle des bois d'après un système étendu serait également impraticable.

Les deux classes dont l'alliance constitue la richesse publique, les capitalistes et les travailleurs, réclament l'intervention éclairée de l'administration, surtout au commencement, par des mesures transitoires applicables aux premiers besoins de la colonisation. La classe moyenne des négociants, qui livre les produits à la consommation de détail, suivra d'elle-même le mouvement général.

Si l'on considère l'élévation du chiffre auquel a pu parvenir la population venue d'Europe, malgré le peu d'encouragements accordés à l'émigration des colons, on entrevoit quels résultats auraient été obtenus en suivant une marche toute différente[1]. On devait, en frétant un certain nombre de navires, favoriser l'embarquement des colons en France, en Italie, en Espagne, et aussi, comme il était facile de le faire, dans plusieurs ports de l'Océan ; il suffisait, après leur avoir préparé une traversée tolérable, de leur offrir une protection qui ne les livrât pas immédiatement eux et leur famille à la plus profonde misère.

Des ouvriers espagnols et italiens sont venus à leurs frais, mais ils sont en petit nombre, tandis que l'on a le plus grand besoin de journaliers pour la culture des champs et des jardins.

C'est par un appel fait dans différents pays et accompagné des conditions qui peuvent le rendre effi-

[1] Au moindre signal, une foule de personnes dont la fortune est insuffisante pour leur procurer les douceurs de la vie, et qui n'ont pas à leur portée les moyens de l'acquérir, s'empresseront de venir féconder le sol de l'Algérie qui leur fournit l'occasion d'employer avec avantage le numéraire qu'elles possèdent et leur travail. La garantie donnée à l'exercice des droits publics, chez une nation libre, sera une considération de plus pour les sujets des monarchies absolues.

çace, que l'on obtiendra le nombre voulu de travailleurs venant sans famille chercher fortune. Les familles ont ici une destination spéciale, qui est de former à part de petits établissements ; mais elles ne peuvent, en général, se rattacher aux travaux des grandes exploitations.

Jusqu'ici ces moyens ont été totalement négligés ; on s'est contenté, sur un seul point, à Toulon, d'accorder le passage gratuit de France à Alger. Trop de personnes ont été témoins de la manière peu hospitalière avec laquelle ont été constamment accueillis ces hôtes de l'administration à bord des bâtiments de l'État, pour que nous ayons à nous étendre sur le genre de protection que l'on a jugé à propos de dispenser à des hommes qui s'étaient mis en route sur la foi d'une promesse, et que l'on avait incontestablement le plus grand intérêt à encourager.

En second lieu, il est un principe sacré qu'un gouvernement ne néglige jamais sans nuire à la considération qui fait sa force véritable, c'est de marcher de bonne foi vers le but qu'il a désigné ; quand ses actes déplacent des existences et compromettent gravement les intérêts des personnes, c'est un devoir d'accepter la tâche dans toute son étendue. Lorsqu'on détermine des voyageurs indigents à se mettre en route, on contracte l'obligation de les protéger jusqu'au terme du chemin. Cependant, après avoir accordé quelques secours, on a pensé qu'il fallait les supprimer au lieu du débarquement. L'administration française en Afrique put se fonder sur ce nouvel état de choses pour se plaindre auprès de l'administration de la métropole, de ce que souvent le passage était accordé à des individus dépourvus de moyens d'existence. D'une semblable représentation au refus du passage aux travailleurs indigents, il n'y a qu'un pas. Assurément si quelqu'un doit se féliciter de ce parti qui prive la colonie d'une population nécessaire, ce seront les malheureux qui, après avoir été rationnés pendant la traversée, sont destinés, en arrivant, au plus complet abandon.

Quand le moment sera venu où, sortant de l'état d'inertie, la colonie recevra une impulsion vainement attendue jusqu'à présent, on s'occupera sérieusement du transport des colons appartenant à la classe pauvre; les sentiments d'humanité, en harmonie dans ce cas avec celui de l'intérêt général, feront place à l'indifférence presque dédaigneuse si peu d'accord avec les stricts devoirs du service public. On se rendra facilement alors à l'opinion générale qui désigne les gabarres, les corvettes de charge de l'État ou des navires de commerce, pour le service du transport des colons qui voudraient profiter du passage gratuit. Pour les circonstances ordinaires, les troupes qui vont en Afrique et reviennent en France se trouvent dans le même cas.

C'est un point hors de toute discussion que chaque chose doit être laissée à la destination qui lui est propre. Appliquant ce principe à la question qui nous occupe, nous en concluerons que si un bateau à vapeur est destiné à satisfaire tous les services à la fois, on peut être sûr que tous les services s'en trouveront très mal. Cet état de choses a pu être constaté par quiconque s'est embarqué sur le bâtiment que l'administration expédie une seule fois par semaine de Toulon pour Alger. Eh! pourquoi de Toulon[1]? ce

[1] S'il y a une convenance dans le choix du port de Toulon pour le séjour habituel des bâtiments de l'État, cela s'entend uniquement de la marine de guerre, de celle qui doit toujours se rapprocher des arsenaux et des chantiers de construction. Les bateaux à vapeur faisant le service de la côte d'Afrique ne se trouvent pas dans le cas d'avoir à reparaître plus fréquemment dans le port de Toulon que les bateaux-postes du Levant dont le point de départ et d'arrivée est le port de Marseille.

port spécial de guerre et de construction est-il également un centre pour les intérêts commerciaux? La France n'a-t-elle pas d'autres projets sur l'avenir de ses possessions d'Afrique que de leur montrer dans l'occasion les flancs armés de ses vaisseaux? Sous quelques rapports, sans doute, la Restauration aurait pu garder cette contenance altière. Si dans Paris les ordonnances de juillet eussent triomphé, des décrets de propre mouvement auraient convenu à un gouvernement de bon plaisir. Après une conquête chevaleresque, dompter les Arabes par le fer pour les régir ensuite avec énergie, tel aurait pu être le rêve de celui qui ne reconnaissait plus d'autre loi que sa volonté; en un mot, cette folle utopie eût été digne du roi qui fut assez téméraire pour mesurer ses forces contre celles de tout un peuple mûri déjà par tant d'épreuves et fier de sa nationalité.

L'espoir conçu peut-être de conserver à l'époque actuelle les formes despotiques de l'administration des beys ou d'installer, avcc un essai d'imitation du moyen-âge, nous ne savons quel régime impérial au petit pied, a pu seul porter quelques personnes à admettre comme possible la résurrection de gouvernements retranchés derrière des crénaux et des meurtrières ; ces sortes d'*Iles de Barataria* sembleraient pour le moins aussi ridicules aujourd'hui que du temps de Cervantes. Nous doutons que la France se montrât longtemps disposée à sacrifier pour la réalisation d'un semblable système ses ressources en hommes et en argent.

Admettra-t-on maintenant que l'esprit philanthropique et parconséquent de paix qui domine nos institutions dicte une attitude perpétuellement hostile en présence d'un vaste atelier de travail et de production? que l'état de menace soit notre état normal à l'égard de l'Algérie? Non, sans doute; c'est donc Marseille qui se désigne d'elle-même par son port, asile du commerce du monde, et par ses vastes entrepôts aux lynx de l'administration qui dans leurs velléités guerrières n'ont pas encore su l'apercevoir. La ville de Marseille a déjà reçu, des relations qu'elle a dû établir avec l'Afrique, une impulsion marquée; des travailleurs sont venus de toutes nos provinces; des capitalistes de Lyon, de Paris et du Hâvre calculent les résultats des avances faites ou à faire à un sol non exploité. On reconnaîtra en présence de tous ces faits l'insuffisance absolue de la ville de Toulon placée en dehors du monde commercial, pour répondre aux besoins de la France qui tourne aujourd'hui ses regards vers le champ qui devrait lui être ouvert.

Nous ne croyons pas non plus émettre une opinion hasardée en déclarant que depuis longtemps le service organisé par l'État, où se presse péniblement un mélange confus de classes, bien étonnées de se trouver ensemble [1], est un moyen d'une portée insignifiante, si on le compare au nombre et à l'importance des exigences qui gravitent vers lui. Les uns ne pouvant trouver place attendent patiemment l'époque d'un nouveau départ; d'autres découragés retournent en arrière en désirant de meilleurs jours.

[1] Ces bateaux à vapeur partent régulièrement du port de Toulon pour l'Afrique une fois par semaine. Ils sont dans l'obligation de transporter : 1° Les militaires : officiers-généraux, officiers de tout grade et soldats ; les employés aux hôpitaux militaires, intendances, etc.; 2° Les employés des administrations civiles ; 3° Le clergé : dignitaires, simples prêtres et soeurs de Saint-Joseph, congrégation nombreuse aujourd'hui et dont les déplacements sont fréquents ; 4° Les colons pauvres et les travailleurs ayant ration ; 5° Des condamnés militaires ; 6° La correspondance ; 7° Accidentellement, des portions de matériel ; 8° Le public payant, dont le nombre est déterminé par un règlement du 24 septembre 1835, en vigueur en 1839 : Six ou huit passagers civils ayant couchette et dix autres passagers civils privés de cet avantage et contraints à partager, sur le pont, le sort des soldats et des colons indigents.

Ayant déjà indiqué une partie des inconvénients de ce service, nous n'aurons plus à nous occuper que de son importance comme poste maritime et de ses rapports avec le public composé des voyageurs[1] français et étrangers.

Avant d'abandonner ce sujet, nous essaierons de donner une idée du coup-d'œil réel que présente le seul moyen de transport régulier entre la France et l'Afrique, offert aujourd'hui aux capitalistes et aux spéculateurs de tout genre, sans lesquels il n'y a pas de colonie.

Nous protestons d'avance contre la pensée que

[1] Les bureaux sanitaires obligent les passagers civils indépenpendants de l'administration à se munir, en s'embarquant à Toulon pour l'Afrique, d'un certificat constatant uniquement l'état de la santé publique et pour la délivrance duquel on perçoit un droit de 2 francs. La même mesure a lieu au retour. Cette exigence est en opposition avec l'usage généralement suivi qui veut que la patente de santé délivrée au capitaine du navire suffise pour servir de déclaration officielle sur l'état sanitaire du port de départ.

La durée des quarantaines primitivement établies a déjà été diminuée. Lorsqu'on ne connaît aucun cas d'épidémie, la quarantaine actuelle de sept jours est encore trop longue de beaucoup. Elle place de fait l'Afrique à dix jours de distance de la France. Dans les temps ordinaires, l'intervalle qui s'est écoulé pendant la traversée et vingt-quatre heures d'observation dans le port, permettent de s'assurer de l'état sanitaire des passagers et de l'équipage.

divers détails pourraient faire naître, que nous ayons méconnu un seul instant la gravité du sujet; l'intérêt de tous est ici en litige, et nous n'avons pu oublier que rien n'est vulgaire ni minutieux, du moment qu'il s'agit de seconder une entreprise en faveur de laquelle la France met en jeu chaque année 40 mille hommes et 40 millions.

Une disposition difficile à expliquer se présente d'abord; elle établit une exception remarquable. Les logements aérés, spacieux et commodes qui, dans l'aménagement d'un bateau à vapeur, occupent tout l'arrière, ont continué à être consacrés à l'habitation d'un état-major de la marine au grand complet, comme s'il s'agissait du service ordinaire des flottes, lorsque les officiers du bâtiment sont seuls à bord. De là il résulte que les meilleures localités sont constamment réservées, à l'aller et au retour, à un certain nombre d'officiers inutiles au service de l'État dans cette circonstance, tandis qu'ils seraient mieux employés ailleurs. Le service dont nous parlons devait au moins ressembler, pour ce qui regarde les lettres et les voyageurs civils, à celui qui est bien installé, quant au règlement intérieur, sous le nom de bateaux-postes de la Méditerranée. Ces bâtiments sont commandés par un officier de la marine de l'État; mais les cabines intérieures sont préparées pour l'usage spécial auquel elles sont destinées; un grand nombre de passagers civils y trouvent un abri convenable, et le personnel de l'état-major du navire ne se compose que d'un nombre suffisant d'officiers et de matelots. Pourquoi n'en est-il pas de même là où l'espace est d'une utilité incomparablement plus grande?

Il est aisé d'ailleurs de reconnaître qu'il y a ici deux services distincts et qui se nuisent l'un à l'autre s'ils sont trop rapprochés : celui du transport des employés civils et militaires et de tout ce qui se rattache à l'action administrative, et celui du public; un état-major nombreux peut être nécessaire pour répondre aux besoins du premier, le second ne se trouve pas dans le même cas.

Le négociant, le savant, le curieux s'arrachent un jour aux habitudes de nos villes; ils croient, avec tout le monde, qu'ils vont trouver sur un navire de leur nation la prévoyance et les attentions qui accompagnent universellement les voyages par mer sur les bateaux à vapeur; mais ici quel désappointement! A peine l'échelle du bord est-elle franchie, que le négociant, le savant, le curieux sont aussitôt classés parmi les considérations infiniment indifférentes de ce *pandémonion* où ne tarde pas à s'établir, auprès des distinctions les plus hautaines, une égalité tellement évangélique, qu'il n'est pas de philosophie si grande qu'elle ne doive chanceler dans une si rude épreuve.

A toutes les conséquences du *pêle-mêle* et aux caprices peu gastronomiques d'un maître-d'hôtel souverain dans ses attributions, il faut ajouter les inconvénients du régime disciplinaire, législation imprévue qui frappe les passagers calculateurs, artistes et littérateurs du côté le plus sensible, en leur interdisant la faculté de se livrer à leurs distractions favorites ordinairement vivifiées par la présence de la lumière. L'extinction des feux a lieu pour les passagers sur quelques bâtiments, en hiver, de très bonne heure et plus tôt s'il fait mauvais temps. « La lumière des chambres, dit-« on gravement, empêche de distinguer les objets au « dehors. » Par des raisons également puissantes, des mesures contraires sont adoptées sur d'autres bâtiments. Tantôt la *dunette* est un observatoire privilégié où les passagers ne peuvent être admis ; ailleurs *tribord* est la promenade consacrée au va-et-vient de l'officier de quart. On patienterait sans doute si toutes ces conditions étaient déterminées par un réglement uniforme composé de manière que tous les passagers pussent en prendre connaissance ; mais l'ordre du jour est différent chaque fois que l'on passe d'un bâtiment à l'autre et il faudrait, pour l'instruction générale, faire imprimer le code de chaque bateau. Nous ne craignons pas d'être contredit en établissant qu'entre les facilités offertes aux voyageurs de l'Algérie et celles qui se rencontrent sur tous les paquebots du même genre en Angleterre et dans les ports de France de l'Océan, il y a autant de différence qu'entre une *venta* espagnole et les meilleurs hôtels de la rue de Rivoli.

L'important service des lettres est mis en souffrance, par l'effet de la mission complexe confiée aux bateaux à vapeur par le gouvernement. Plusieurs jours se perdent souvent dans une courte traversée pour l'exécution de divers ordres ; tantôt ce sont des troupes à transporter d'un lieu à un autre ; tantôt des matériaux de construction ou des vivres pour l'armée que la mer ne permet d'embarquer ou de débarquer qu'avec une extrême lenteur. Pendant cet intervalle toutes les affaires restent en suspens; fréquemment les machines employées à un travail disproportionné avec le degré moyen de leur force ont besoin en arrivant au port de subir des réparations ; souvent cette nécessité se fait sentir pendant le voyage; il en résulte de nouveaux retards.

Des considérations qui précèdent, nous concluerons que si aucune société particulière n'est prête à satisfaire aux exigences du service des transports entre la France et tous les points de la côte d'Afrique depuis Oran jusqu'à la Calle, l'État se trouve dans le cas d'établir une communication régulière de bateaux à vapeur partant de Marseille et destinés seulement à la correspondance et au public. On adopterait une organisation semblable à celle déjà mise à l'épreuve pour les bateaux-postes du Levant.

Ce service, établi d'abord par l'État, céderait plus tard l'exploitation de cette ligne aux entreprises du commerce, dont le nombre s'accroîtra indéfiniment quand l'attention des spéculateurs aura été éveillée sur les bénéfices qui sont offerts. Un résultat semblable a été obtenu par le gouvernement anglais pour ses rapports avec Gibraltar; toutefois il est nécessaire que l'impulsion soit donnée.

Les diverses parties de l'Algérie seront servies alors

suivant leur importance réelle, et l'on ne verra plus les communications arrêtées ou multipliées par la seule fantaisie d'un chef dominé par le système du jour.

Comme nous l'avons dit plus haut, les colons et les travailleurs seront embarqués sur les gabarres de l'État ou sur des navires du commerce. Bien que dans ce cas la durée de la traversée soit plus longue, du moins les entreponts de ces bâtiments offrent aux passagers un abri suffisant contre les injures du temps et les coups de mer.

Les moyens de transport ainsi divisés rempliront convenablement le but auquel on se propose d'atteindre et dont on est encore si loin aujourd'hui. Cependant si l'efficacité administrative inspirait quelque confiance, on pourrait se tranquilliser sur l'avenir de l'Algérie. Rien de plus complet que le réseau gouvernemental en Afrique : clergé, tribunaux, administration militaire et civile, finances, depuis les douanes jusqu'au cadastre, tous les postes sont remplis. L'étonnement n'en est que plus grand lorsqu'on voit frappés d'immobilité ces ressorts nombreux, et en réfléchissant que le signal qui doit interrompre un sommeil de dix années ne s'est pas encore fait entendre.

Une promenade au Jardin d'Essais, situé aux portes d'Alger, se place au premier rang parmi les déceptions qui attendent en Afrique les illusions métropolitaines. On croit peut-être que les sciences agricoles ont ouvert avec empressement leurs livres d'utilité pratique pour enseigner que, sous certaines latitudes, plusieurs productions précieuses affranchiraient en peu d'années la nation française de tributs considérables payés aux Indes, à l'Égypte, à l'Asie-Mineure et à l'Espagne; que la soie, le coton, la canne à sucre, fécondant une terre voisine, compenseraient un jour les frais d'occupation. Il est vrai de dire qu'il a été question de tout cela; et l'on peut voir encore, pour mémoire, les serres abandonnées où mourut la cochenille. Égale mention doit être faite pour l'indigo; le coton et la canne à sucre font acte de présence, mais en quantité insignifiante. Tel était du moins l'état des expériences au mois d'avril 1839. On élevait seulement, à grands frais, quelques oliviers et des myriades de mûriers. Nous nous contenterons de faire remarquer que ces deux espèces d'arbres croissent si volontiers sous le climat du nord de l'Afrique, que bien qu'une vaste pépinière de cette nature ait une grande utilité, c'était du moins, dans la pensée qui a présidé à la création de l'établissement d'essais agricoles, une application qui ne devait pas rester isolée. La plupart des terres cultivées en Afrique produisent les mûriers, sans qu'il puisse exister de doute sur la réussite.

CONCLUSION.

Dans le cours de la tâche que nous nous sommes imposée de mettre en lumière les plaies les plus douloureuses de cette colonie française restée au point de départ pour la prospérité, mais vieille déjà de désastres et de fautes, nous ne croyons pas avoir touché à tous les maux qu'il convenait de signaler[1]. Toutes les conséquences de ceux qui ont été indiqués n'ont pas non plus trouvé place dans cette esquisse rapide.

Les scènes de misère et de douleur qu'offre partout le pays occupé sont suffisamment reproduites par le principal organe de la publicité pour tout ce qui se passe dans l'Algérie. *Le Toulonnais,*

[1] Les bases essentielles de la colonie n'existant pas encore, nous n'avons pas cru qu'il fût utile de rappeler maintenant la désorganisation du système judiciaire.

en ouvrant ses colonnes à la correspondance des provinces françaises de la côte d'Afrique, a comblé un vide qui existait depuis longtemps et a bien mérité du pays. La vérité parvient ainsi par dégrés à se révéler. Quand on peut mesurer la grandeur du mal, c'est déjà une voie ouverte pour parvenir à y remédier.

Il est à regretter qu'aucune feuille périodique ne soit publiée à Alger; il résulte de là que l'on y vit dans une ignorance profonde des événements qui intéressent le plus les colons. On est privé également des lumières qui jailliraient de la discussion. Chose inouïe! les nouvelles d'Afrique ne sont propagées que par les journaux de Paris. Il existe cependant à Alger une feuille qui s'imprime sous le nom de *Moniteur Algérien;* mais ce n'est qu'une sorte de bulletin indiquant les nominations et les destitutions des employés, les ordres du jour de la place, les ventes et les faillites; il n'a aucun rapport avec les intérêts généraux. A défaut de publication qui mérite la confiance et rappelle, dans la terre classique du despotisme, que la liberté d'écrire est dans la lettre comme dans l'esprit de nos institutions, les *on dit* se multiplient et les bruits inquiétants qu'ils propagent (preuve nouvelle que l'inapplication d'un principe constitutionnel est un état voisin de l'anarchie) répandent souvent l'alarme en dénaturant les faits.

Les lois qui concernent les biens-fonds et leur usage exigent des dispositions qui donneront un caractère de stabilité et d'avenir aux mutations des propriétés. Tout en laissant à l'exercice du droit la latitude qui lui appartient, n'aurait-on pas pu exiger de l'acheteur européen la désignation de l'emploi des terrains, dans un temps déterminé, comme condition de la validité du contrat? Le penchant à l'agiotage, encouragé par la clause de rente perpétuelle stipulée par les Maures, premiers vendeurs, n'eût-il pas ainsi été arrêté dans sa source?

D'autres rappelleront l'attente ruineuse dans laquelle, tantôt des associations puissantes, tantôt des colons pauvres, ont été laissés pendant des mois et des années. Les demandes en autorisations et en concessions pour l'exercice des industries, pour l'exploitation immédiate des richesses du sol, pour la culture des terres, sont restées parfois assez longtemps sans réponse pour réduire à la mendicité des postulants qui n'avaient à leur disposition qu'un faible capital, et pour décourager des sociétés qui auraient su obtenir par leur activité des résultats avantageux pour tous.

Nous avons pensé qu'il était inutile de traiter trop longuement d'un état de choses dont les Chambres, la nation et l'administration elle-même doivent être lasses jusqu'au dégoût. Les funestes traditions des années dernières s'éteindront, nous l'espérons, avec les malheurs de la guerre actuelle.

En contrôlant les actes de diverses branches de l'administration, nous ne prétendons pas établir que chacune en particulier ait méconnu sciemment sa mission. Nous avons voulu uniquement démontrer que l'unité d'impulsion raisonnée ayant manqué à toutes en général, au lieu de se rattacher à un système d'ensemble, elles ont fréquemment lutté les unes contre les autres, au détriment du service public.

Aujourd'hui encore, l'administration est soumise dans nos possessions d'Afrique à l'autorité du gouverneur résidant à Alger [1].

[1] Ordonnance du 31 octobre 1838.

Il a sous ses ordres le directeur de l'intérieur, chargé de l'administration générale, provinciale et communale, des travaux publics, du commerce, de l'agriculture, de l'instruction publique, des cultes, etc. On conçoit que cette agglomération, ou plutôt cette confusion d'attributions, demanderait l'application d'une capacité tellement étendue, qu'aucun homme, quelles que fussent ses bonnes intentions et ses facultés, ne peut prétendre à les embrasser toutes à la fois.

On a vu par les résultats qu'avec l'organisation présente, soit sous les *intendants civils,* soit sous les *directeurs de l'intérieur,* malgré les efforts des uns et des autres, les principaux intérêts sont restés en souffrance, sauf les CULTES.

Les provinces d'Oran et de Constantine sont administrées par des sous-directeurs placés sous les ordres du directeur de l'intérieur, résidant à Alger. Jusqu'ici, il faut le reconnaître, l'activité de ces fonctionnaires ne s'est exercée que pour les travaux publics. A l'égard de l'agriculture et du commerce, l'absence de direction s'est fait seule remarquer. A ce sujet, les questions administratives d'intérêt public sont encore à naître, pour la plupart. L'instabilité de l'occupation et le mode de gestion qui a été adopté n'ayant donné l'essor à aucune exploitation sur une vaste échelle, tout s'est réduit aux entreprises isolées des particuliers qui seraient bien mieux secondées par une protection calculée de bonne foi, d'après leurs besoins, que par les formes traditionnelles de la bureaucratie.

Les communications, toujours difficiles par mer, particulièrement sur cette côte, sont maintenant très rares. Il ne peut résulter de l'assujétissement des extrémités au centre, que des retards ruineux occasionnés par l'échange continuel d'enquêtes et de rapports entre les employés supérieurs et inférieurs. Un second et très grave inconvénient accompagne cet état de choses; en effet, la discussion dernière et la décision sont renvoyées devant un tribunal qui ne peut acquérir qu'une connaissance incomplète des intérêts sur lesquels il est appelé à prononcer.

L'aspect général du pays et la considération des moyens qui peuvent être mis en usage pour l'exploiter nous conduisent aux propositions suivantes :

1° Que les efforts de l'occupation militaire doivent tendre à *reconquérir les deux provinces abandonnées de Tlemcen et de Mascara;* que dans chacune d'elles des *camps intermédiaires* soient établis de manière à *protéger,* d'une part, le territoire compris dans le *triangle formé par Tlemcen, l'embouchure de la Tafna et Oran,* et de l'autre, *le pays situé* entre *Mascara, Arzew* et *Mostaganem,* qui présente une disposition semblable; que ces camps soient installés comme ceux qui existent déjà entre Bone, Constantine [1] et Stora; que *l'assiette des camps permanents* soit déterminée, dans chaque province, par le concours d'une *commission d'officiers supérieurs* et des membres de la *commission scientifique* envoyée en Afrique. A mesure que cette occupation pourra s'effectuer, *encourager la culture par les soldats et leur établissement en Afrique,* lorsqu'ils reçoivent leur congé; *favoriser l'immigration européenne* dans les territoires soumis à un système régulier de défense.

[1] Le même système de défense pourra s'établir un jour entre Constantine et Dgigelli.

2° Établir immédiatement *une caisse publique de prêt et d'escompte* dans le chef-lieu ou dans la ville la plus commerçante de chaque province; que cette *banque* ait pour base un principe d'intérêt public; c'est-à-dire que *son but* ne soit pas de réaliser de gros bénéfices sur l'escompte, mais *d'activer la circulation des valeurs et de seconder virtuellement le travail;* que *le tableau des opérations* de cet établissement *soit publié chaque année* avec les autres documents présentés par l'administration des finances.

3° Que chaque province soit placée sous *une direction* qui lui soit *particulière* et *corresponde avec l'administration de Paris;* qu'il soit nommé *un chef supérieur civil* dans chaque province, assisté par un CONSEIL PROVINCIAL dont il sera membre de droit; ce conseil serait *élu par les contribuables, renouvelé par portions* comme les conseils-généraux de département, et *aurait le choix de son président.* Des réunions ordinaires et extraordinaires de ce corps seraient réglées par une loi ainsi que ses attributions; il serait assez nombreux pour être *divisé en autant de commissions qu'il y a de questions principales* à débattre. *La force militaire* de chaque province serait placée sous le commandement d'un *lieutenant-général ayant voix délibérative*. En temps de paix, *les questions financières et d'organisation intérieure*, non purement administratives, *seraient décidées par la majorité des voix*. Lorsque la guerre est déclarée, *le chef supérieur civil serait seul investi du pouvoir*, sans autre responsabilité qu'envers l'administration de la métropole. Le cas d'une *guerre générale* avec les indigènes est un *état exceptionnel;* l'armée active doit alors obéir à une spécialité militaire; mais c'est là une époque critique dont le publiciste n'a pas à s'occuper, si ce n'est pour reconnaître qu'en pareille occasion et *sous le règne de la violence il n'y a pas de législation ni d'ordre social possible*.

4° *Expulser complètement* de l'intérieur des limites des territoires consacrés à la colonisation *la population indigène des campagnes*. Ne tolérer *dans les villes* que les familles *indigènes propriétaires*.

5° Placer *aux frontières* les marchés d'échange avec les Arabes.

6° *Faciliter l'émigration* des colons pour l'Afrique, en Italie, en Espagne, en Belgique et en France dans *les ports de la Méditerranée et de l'Océan*.

7° *Placer à Marseille* l'arrivée et le départ *des courriers maritimes* attachés à la côte d'Afrique.

8° *Encourager les compagnies* qui proposeront d'établir *un service actif de bateaux à vapeur* entre la France et tous les ports de sa colonie, entre la côte d'Espagne et Oran, entre Malte, la Sicile et Bone. Un motif plus pressant pour en venir à cette mesure ressort des derniers évènements ; du reste, sous le rapport financier, les avantages momentanés accordés aux compagnies ne pourraient être comparés à la dépense considérable occasionnée par l'état actuel.

www.ingramcontent.com/pod-product-compliance
Ingram Content Group UK Ltd.
Pitfield, Milton Keynes, MK11 3LW, UK
UKHW021113200726
13857UKWH00003B/1215

9 782012 998377